SUPERPAI

Paulo Tadeu

SUPERPAI

Uma homenagem ao grande herói da sua vida

MATRIX

Direitos em língua portuguesa para o Brasil:
Editora Urbana Ltda.
atendimento@matrixeditora.com.br
www.matrixeditora.com.br

Capa e diagramação:
Daniela Vasques

Revisão:
Rita Rocha
Adriana Parra

Dados Internacionais de Catalogação na Publicação (CIP)
SINDICATO NACIONAL DOS EDITORES DE LIVROS, RJ.

Tadeu, Paulo, 1964-
Superpai : uma homenagem ao grande herói da sua vida / Paulo Tadeu. - São Paulo : Matrix, 2011.

1. Pais e filhos - Citações. I. Título.

11-3392. CDD: 808.882
CDU: 82-84

Dedicado ao Guilherme, que me faz

querer ser um pai melhor a cada dia.

E ao meu pai.

Você sempre foi e sempre
vai ser o **maior** de todos
os meus **heróis**.

Quando eu era pequeno, eu admirava

a sua **força física.**

Mas descobri que, além dessa,

você tem outras:

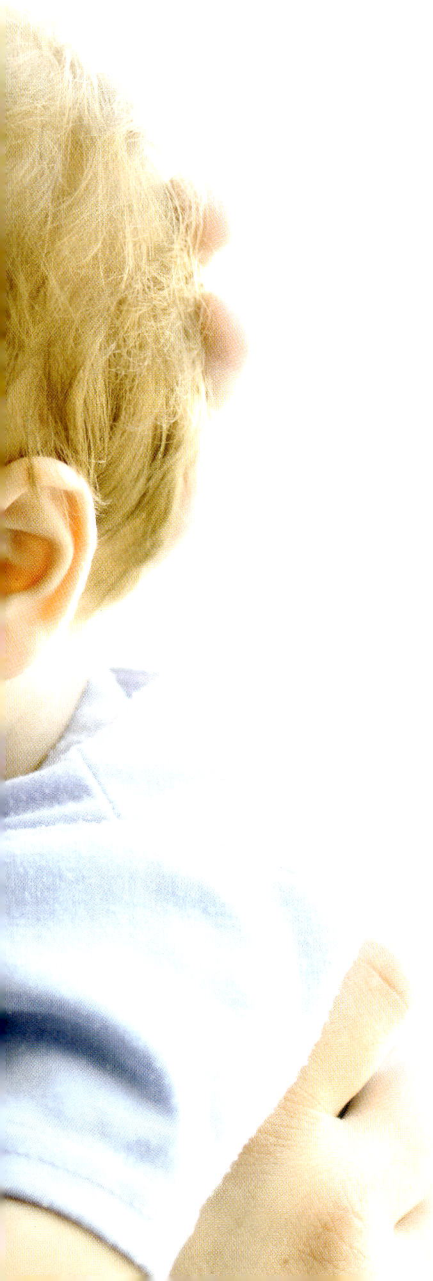

a força **moral**...

A força do **amor**.

Porque é preciso ser **muito súper**

para me criar da maneira como você fez.

Se hoje eu sou **quem eu sou**, devo muito aos seus superpoderes: o poder de me **encantar**...

de me mostrar caminhos...

de me **ensinar...**

de me mostrar limites.

Se eu caía, você me mostrava a importância
de saber se levantar e **seguir em frente.**

Se eu achava que não sabia, você me mostrava que eu sei muito e que posso aprender mais ainda.

E o seu exemplo, a maneira como você é,

foi todo dia a maior lição de todas.

Como todo **super-herói** que se preza, você sempre foi o meu defensor quando alguma ameaça estava por perto.

Quando eu necessitava de algo,
nem precisava chamar e você
aparecia ao meu lado.

Na escuridão da noite, sua mão amiga era a segurança de um sono tranquilo.

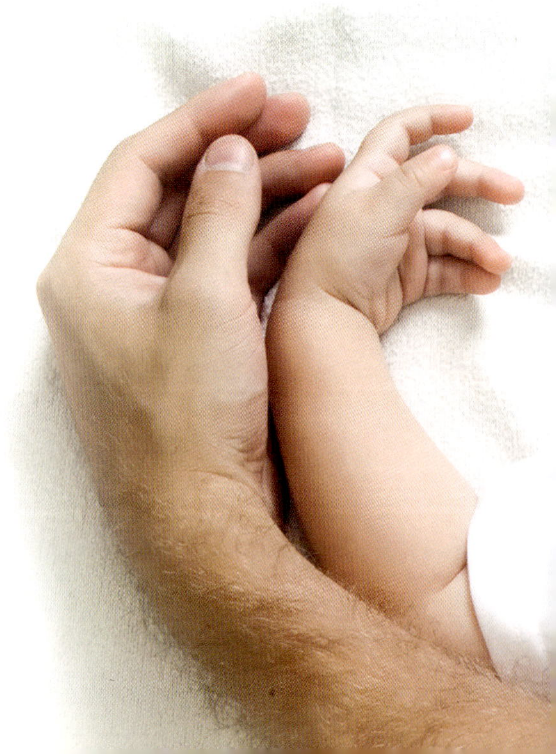

Os vilões das doenças chatas perdiam feio quando você mostrava todo o seu arsenal de cuidados.

Juntos, nossas aventuras foram e são memoráveis.

Nem precisava estar de uniforme especial para eu reconhecer você. Qualquer roupa fazia de você "o cara".

Obrigado por ser parte

da minha existência.

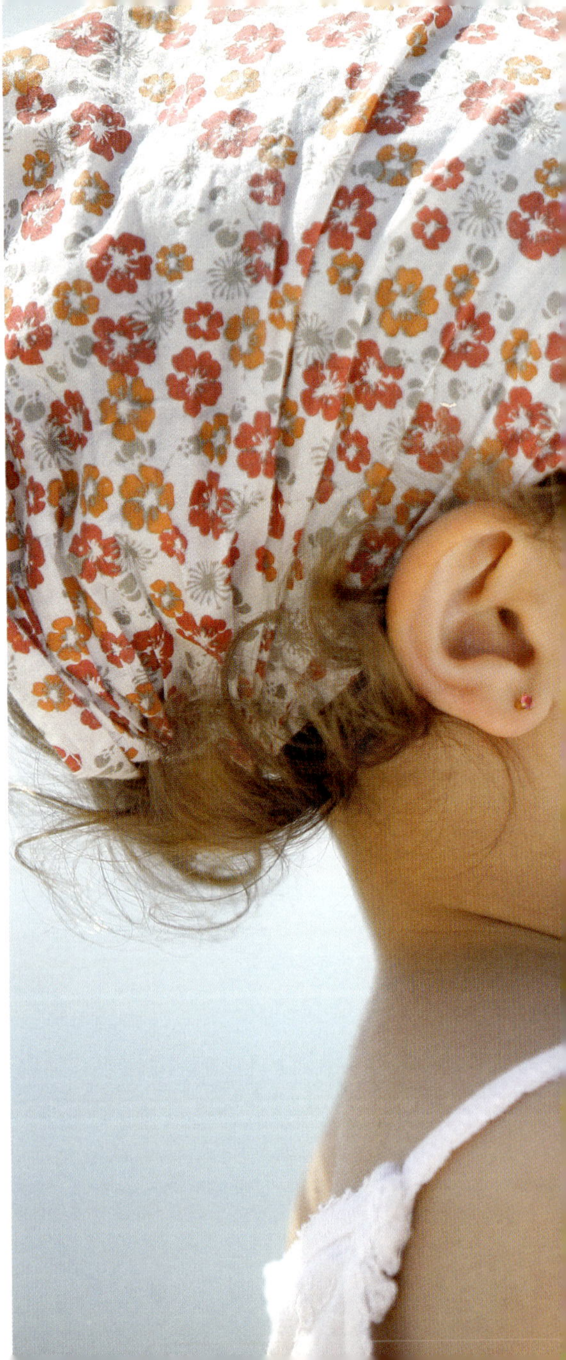

Obrigado por me mostrar o meu grande poder:

o poder de sonhar, de querer ser alguém melhor.

E agora preciso contar uma coisa: eu nunca soube preservar a sua identidade secreta, como algumas pessoas fazem nas histórias em quadrinhos ou no cinema...

Eu sempre espalhei para todos que você era e é o melhor pai do mundo.

Por isso, acho até injusto ter apenas

um dia para homenagear você.

Para mim, você precisava de

umas 365 homenagens por ano.

Com muitas medalhas, recompensando sua bravura, seu destemor e principalmente...

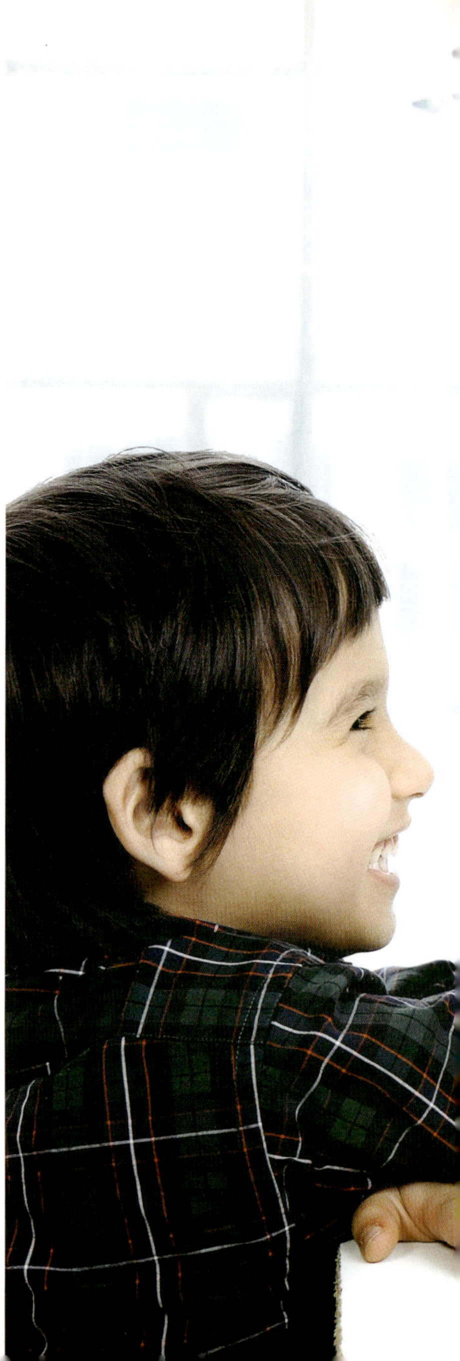

...seu carinho por mim.

Eu tenho muito orgulho de dizer:

pai, você é o meu herói.

O autor:

Paulo Tadeu é autor de 51 livros para os públicos infantil e adulto.

MATRIX